Copyright

इस प्रकाशन का कोई भी हिस्सा किसी भी रूप में या किसी यांत्रिक माध्यम से पुन: प्रस्तुत नहीं किया जा सकता है, लेखिका से लिखित अनुमति के बिना किसी भी रूप में इसका प्रयोग नहीं किया जा सकता। विशेष विवरणों की समीक्षा के लिए उपयोग किया जा सकता है।

अस्वीकरण

यह पुस्तक हमारे पाठकों को प्रेरणा प्रदान करने के लिए लिखी गई है। किसी भी शारीरिक, मनोवैज्ञानिक, भावनात्मक, वित्तीय, या व्यावसायिक नुकसान के लिए न तो प्रकाशक और न ही व्यक्तिगत लेखिका उत्तरदायी होंगे। व्यक्ति अपनी पसंद, कार्यों और परिणामों के लिए स्वयं जिम्मेदार हैं। पुस्तक की सामग्री धार्मिक समेलनों, भागवद गीता, रामायण से प्रेरित है। यह पुस्तक लेखिका के विचारों और अनुभवों की एकमात्र अभिव्यक्ति है, जिस तरह से उसने अपने जीवन को देखा है, विशेष रूप से स्वयं सहायता पर जोर दिया है। पुस्तक का एकमात्र उद्देश्य पाठकों को उन संभावनाओं से अवगत कराना है जो सोचने के तरीके को बदलकर व्यक्ति के जीवन को बदल सकते हैं। यह पुस्तक किसी की भावनाओं को ठेस पहुँचाने के लिए नहीं है; यह सिर्फ संभावनाओं और आंतरिक प्रेरक कारकों को समझने के लिए है। हालांकि लेखिका ने यह सुनिश्चित करने के लिए हर संभव प्रयास किया है, कि प्रकाशन के समय इस पुस्तक की जानकारी सही थी। त्रुटियों, अशुद्धियों, चूकों, या किसी भी अन्य विसंगतियों के कारण किसी भी नुकसान, क्षति, के लिए

किसी भी दायित्व को अस्वीकार करते हैं, चाहे ऐसी त्रुटियां या चूक लापरवाही, दुर्घटना, या किसी अन्य कारण से हुई हो।

यह प्रकाशन प्रत्यक्ष विशेषज्ञ सहायता के विकल्प के रूप में नहीं है। यदि इस स्तर की सहायता की आवश्यकता है, तो एक सक्षम सलाहकार की सेवा ली जानी चाहिए।

उम्र भर क्या-क्या सम्भावनाएं हो सकती है जिंदगी में

हमारे अंदर से ही हर चीज़ की शुरुआत होती है। इसलिए ज़िंदगी में अपने अंदर बदलाव की सम्भावना हमेशा हमारे हाथ में है, और इसकी जानकारी होना ही सफ़लता की सीढ़ी है।

Rekha Thakur

लेखिका की ओर से

PREFACE

सम्भावना सिर्फ़ यही नहीं, कि ज़िंदगी के किस पड़ाव में क्या कर सकते हैं। सम्भावना है, अपनी आदतें बदले, सम्भावना है, अपने विचारों पर ध्यान दें। ये अहम बातें ज़िंदगी को नया रूप देकर हमें अंदरूनी तौर से शक्तिशाली बनाकर ज़िंदगी की हर चुनौती के लिए तैयार करती है। सफलता के मायने हर इंसान के लिए अलग हैं। कोई अंदरूनी शांति पाना चाहता है, कोई पैसा कमाना चाहता है, कोई career बनाना चाहता है, कोई ये चाहता है की मेरे बच्चे ज़िंदगी में कामयाबी की बुलंदियाँ छुएँ। सही मायने में ज़िंदगी में हर इंसान के लिए वही सफलता है जिस चीज़ की कमी उसकी ज़िंदगी में होती है। जैसे अगर हमारी ज़िंदगी में पैसे की कमी है, तो हम अगर पैसे कमाने लग जाए, तो हमारे लिए वही सफलता है, अगर किसी की ज़िंदगी में माँ बाप के प्यार की कमी है, तो माँ बाप का प्यार हासिल करना ही उसके लिए कामयाबी है। किसी की सेहत ख़राब है, वो स्वस्थ होना चाहता है उसके लिए वही सफलता है। पर इन सब बातों को सम्भव बनाने के लिए बदलाव को अपनाना ज़रूरी है। उदाहरण

के तौर पर अगर कोई सेहत अच्छी चाहता है जो हो सकता है, खाने पीने की वजह से ख़राब है, तो उस खाने पीने की आदत पर नियंत्रण पाकर अपने को ठीक कर सकता है। इस तरह हर लक्ष्य को किसी भी उम्र में अपने में बदलाव लाकर हासिल करने की संभावना ज़िंदगी भर हमारे साथ है।

इस पुस्तक में क्या है ?

हमारी सोच ही हमें कामयाब होने से रोक सकती है। जैसे हेन्री फ़ोर्ड जी ने कहा भी है, अगर आप सोचते हैं, आप कर सकते हैं या नहीं कर सकते, दोनों परिस्थियों में ही आप सही हैं। आज की भाग दौड़ की ज़िंदगी में इंसान इतना फँसा हुआ है, कि ये सोचने का समय भी नहीं है, कि जिस दिशा की तरफ़ जा रहें हैं, उसका ज़िंदगी में कोई महत्व भी है कि नहीं। इसलिए आज मानसिक रोग बढ़ते जा रहें हैं। क्योंकि हम अपने शरीर को तो भोजन से ताक़त दे रहें हैं, पर अपने दिमाग़ अपने मन को स्वस्थ रखने के लिए अच्छी खुराक नहीं दे पा रहे। हम अपनी मानसिक शांति को प्राथमिकता नहीं देते। इस किताब में वो बातें सांझी की हैं, जो हमें आत्मशांति दे। वो सम्भावनाए बताई हैं, जो बचपन से लेकर बुढ़ापे तक

हम अपने आंतरिक मन को दे सकते हैं। बदलाव की सम्भावना हर मोड़ पर हमारे साथ साथ चलती है, पर क्या बदलाव होने चाहिए, हमारे सोचने के तरीक़े में, जो हमें हर परिस्थिति में साथ दे। माता पिता होने के नाते हम ये सब गुणों का संचार बच्चों में बचपन से कर सकते हैं। अगर किसी की ज़िंदगी में इन बातों का अभाव है, तो इंसान ज़िंदगी के किसी भी अवस्था में अपने में बदलाव की सम्भावना को अंजाम दे सकता है। अगर आप अंदर से बदलने के लिए तैयार हैं तो ये किताब आपके लिए ही है। इस पुस्तक का लक्ष्य लोगों को हताशा से हटाकर आशापूर्वक सुचारू ढंग से जिंदगी जीने के लिए प्रेरित करना है। यह किताब कम शब्दों में इसलिए लिखी गई है ताकि आप हर एक अनुक्रम को आसानी से जिंदगी में उतार सकें। इस किताब में विशेष तौर पर एक विचार को अलग अलग तरीक़े से इस्तेमाल करके बताया गया है की कैसे अपनी ज़िंदगी को ख़ुशनुमा बनाया जा सकता है।

इस किताब को कैसे इस्तेमाल करें?

यह किताब बदलाव की सम्भावना लाने में मदद हर स्थिति में करेगी, चाहे आप को अपने लक्ष्य के बारे में

पता है या नहीं पता है। ये हर किसी लक्ष्य की प्राप्ति में सार्थक है। चाहे आप किसी मानसिक रोग से ग्रस्त हैं, चाहे आप किसी भी लक्ष्य को पाना चाहते हैं। ये किताब आप को बताएगी की कैसे अपनी सोच में बदलाव लाना संभव है। इस किताब को, चाहे दुःख में या सुख में जब भी पढ़ेंगे, आपको अच्छा ही महसूस कराएगी। इसे एक आंतरिक खुराक की तरह, अंदरूनी सफ़ाई करने के औज़ार की तरह प्रयोग करें। इससे आप को फ़र्क़ समझ आएगा की कहाँ हम सही हैं, कहाँ हमें अपने में बदलाव को लाना है, जो हर ऊम्र में सम्भव है।

इस पुस्तक को पढ़ने के बाद आप दिमाग़ी तौर से एक ताकतवर इंसान बन चुके होंगें।

समर्पित

यह किताब मेरे पिता परमेश्वर को समर्पित है। जिन्होनें मुझे हर कठिनाई के वक्त मार्गदर्शन किया। आपकी सदैव ऋणी हूँ, मुझे अच्छी जिंदगी देने के लिए।

आभार

हर काम की तरह इस काम की भी नीवं कहीं से शुरू होती है। यह पुस्तक मेरे माता-पिता का आभार प्रकट करती है, जिन्होंने मुझे हमेशा प्रेरणादायक कहानियों से प्रेरित किया। विशेष तौर से मैं अपने पिता जी का आभार प्रकट करना चाहूँगी, जिन्होंने हमें मानसिक रूप से हर समस्या का सामना करने के लिए बचपन से ही तैयार किया। और इच्छा शक्ति से हम सब भाई बहनों को सम्पन्न किया। मैं अपने भाइयों और बहन को भी धन्यवाद देना चाहती हूं, जिन्होंने हमेशा मेरी क्षमता का एहसास किया और समय-समय पर मुझे प्रेरित किया। मैं अपने भाइयों और बहन से कहना चाहूंगी, आपकी छाया में बड़ा होना बहुत अच्छा था, क्योंकि मैं परिवार का सबसे छोटा बच्चा था। बचपन से ही, आप सब के प्यार ने मुझे कभी भी किसी चीज़ की कमी, अपनी ज़िंदगी में महसूस नहीं होने दी। मेरे सास-ससुर का शुक्रिया जिन्होंने मुझे समाज क्या होता है, वो सिखाया और अपने प्यारे बेटे को मेरी ज़िंदगी का एक अहम हिस्सा बनने का मौक़ा दिया। अपने परिवार के अन्य सदस्यों का भी धन्यवाद और इसके अलावा मेरे प्यारे

पति का शुक्रिया जिन्होंने अपने बिना शर्त के समर्थन और प्यार से मेरे जीवन को खूबसूरत बनाया। मेरी बेटियों को विशेष धन्यवाद, जिन्होंने मुझे समाज को रहने के लिए एक बेहतर जगह बनाने की दिशा में काम करने के लिए प्रेरित किया।

अनुक्रम

1.उम्र भर क्या-क्या सम्भावनाएं हो सकती है-
WHAT ARE THE POSSIBILITIES IN LIFE.

जिंदगी क्या है? जिंदगी एक विचार है, वह विचार जो जिधर घुमाता है जिन्दा इंसान उधर ही घूम जाता है। इसलिए वह दिन हर किसी की जिंदगी में आता है जब हम हताश हो जाते हैं। फिर लगता है, कि अब क्या करें और कैसे जिएं ? फिर सोचतें है अब उम्र ही कितनी वची है कुछ पाने के लिए या उम्र कैसे कटेगी जिंदगी निभाने के लिए। ज़िंदगी यह नहीं देखती कि आप आमिर हैं या ग़रीब। अच्छे बुरे दिन किसी पर भी आ सकते हैं। ज़िंदगी बिलकुल उस अनजान रास्ते की तरह है, जिस पर हम कभी गये नहीं। जैसे हम अगर गाड़ी उस रास्ते पर चलाते हैं, जिसकी हमें जानकारी है, तो पूरे आत्मविश्वास से चला लेते हैं। अगर रास्ता अनजान हो, तो गाड़ी संभलकर और सारे rules को follow कर कर चलानी पड़ती है क्योंकि रास्ता पता नहीं होता। इसलिए अगर हम ज़िंदगी में कुछ सिंदांत लेकर चले तो उन अच्छे बुरे दिनों को काटना आसान हो जाता है। कहा भी गया हैं, कि अच्छी आदतें लेनी आसान नहीं होती पर उनके साथ ज़िंदगी

काटना आसान होता हैं। इसी तरह बुरी आदतें लेनी आसान होती हैं, पर उनके साथ ज़िंदगी काटना उतना ही मुश्किल हो जाता हैं। अगर कोई बोले की उसकी ज़िंदगी बिलकुल सही चली है, इसका मतलब ये नहीं कि वही सच है, इसका मतलब है कि उस इंसान ने ये चयन किया है कि मेरी ज़िंदगी अच्छी चली है। अब आप सोच रहें होंगे कि ऐसा कैसे की चयन कर लिया, और ज़िंदगी अच्छी हो गयी। इसका मतलब ये है, कि उस की ज़िंदगी बाक़ी कई लोगों से बेहतर है। इस तरह हम दुःख में भी सुख ढूँढ सकते हैं। हर हालत में ये सोचें कि मेरे से नीचे बाली ज़िंदगी जो भी जी रहा है, मेरी तो उससे बेहतर है। ज़िंदगी जीना ही सच है। इसी तरह जब तक जी रहे हैं वही सच है। यहीं जीने का अन्दाज़ है।

जीने की ख्वाहिश ना छोड़, ना जाने कौन सा पल तेरा है,
चलने की आस ना छोड़, ना जाने कौन तुझे देख रहा है।
राहें मुश्किल हो सकती हैं, पर नामुनकिन नहीं हो सकती,
मंज़िलें तो चलकर ही मिला करती हैं।

आप सब अपनी ज़िंदगी में देखें तो पाएँगे कि आपकी क्लास में जितने भी स्टूडेंट्स थे, उन में से कुछ ही कामयाब हैं। आप ने कभी सोचा है, कुछ ही लोग कामयाब

क्यों हैं जबकि सब एक साथ पढ़े। एक ही टीचर ने पढ़ाया। इसके पीछे एक मात्र कारण है हमारी इच्छा शक्ति। हमारे ज़िंदगी को चलाने वाले नियम। जिंदगी के इन सब सवालों के जवाव इस पुस्तक में हाजिर है। चलिए इन्हें विस्तारपूर्वक जानते हैं कि उम्र भर क्या-क्या सम्भावनाएं हो सकती है जिंदगी में । ऐसी कौन सी बातें मुमकिन है जो जिंदगी भर सफलता में योगदान देती हैं। इसलिए पहले ये जानना ज़रूरी है की ज़िंदगी में होता क्या क्या है?

2. जिंदगी में होता क्या-क्या है? - WHAT HAPPENS IN LIFE.

ज़िंदगी उसी की हसीन है,
जिसने हसीन सोच ली।
भगवान ने भेजा है, इस धरातल पर कुछ सोच कर,
हम कौन होते हैं, शिकायत करने वाले साहिब।

जिंदगी हम शुरू कर देते हैं, सही मायने पर जब हमारे ऊपर जिम्मेवारी पड़ जाती है। जब तक माता-पिता के साथ रहते हैं, किसी दुख-सुख का एहसास नहीं होता। जैसे ही उस छत्र-छाया से बाहर निकलते हैं, दुनियादारी का अनुभव होता है। देखा जाए, जैसे ही घर से आगे की पढाई के लिए या फिर नौकरी के लिए निकल जाते हैं तो जिंदगी को समझना आरम्भ कर देते हैं। जिंदगी हर रोज नया रूप लेकर आती है। अगर काम हमारी चाहत के मुताविक चलें तो हमारी खुशी का ठिकाना नहीं रहता, अगर वही काम-काज इच्छा के विपरीत चले तो दुख की सीमा नहीं रहती। कोई ऐसा इन्सान नहीं धरती पर जिसे दुख ना आया हो। जिंदगी अनेक रूपों में निराशा और

आशा लाती है। कई दफा तो ऐसा लगेगा जैसे जिंदगी की रफ्तार तो रूक सी गई है। हमारी भी क्या जिंदगी है जीने लायक, ऐसी सोच हमारे ऊपर हावी होने लगती है। तरह-तरह के ख्याल हमारे दिल में घर बना लेते हैं। कई पर घर की जिम्मेवारी के नीचे दवे हुए महसूस करते हैं। ये भी हो सकता है, love affair की वजह से परेशान है, break-up के कारण, नौकरी ना मिलने से, पढ़ाई ना होने से, बच्चे settle नहीं हैं जिंदगी में और कई अनेकों बातों से दुखी हैं। इस के अलावा बहुत सी बातें हर किसी की जिंदगी में अलग-अलग तरीकों से दस्तक देती हैं।

ऐसा जिंदगी में किसी के साथ भी हो सकता है। कोई भी समस्या जिंदगी में कभी भी आ सकती है। जिंदगी में ऐसी कुछ बातें हैं अगर उनको याद रखें तो मुसीवत में भी रास्ता नजर आ जाता है। निराशा में भी आशा ढूँढ लेते हैं। चलिए ऐसी कौन सी बातें है जो हर किसी की जिंदगी की आधार बन सकती है।

हमें ज़िंदगी में तरह तरह के लोग मिलते हैं जैसे कोई बड़ा अच्छा इंसान होगा, लालची होगा, अहंकारी होगा, फिर हमें पता नहीं चलता किसके साथ कैसा व्यवहार करें। हमें एक बात याद रखनी चाहिए की जो इंसान जिस

गाँठ से बंधा होता है, वो उसी से खुलता है। अगर कोई लोभी है, तो वो लालच में आकर ही आपका काम करेगा। अगर कोई अभिमानी है, तो उसके अभिमान को प्रोत्साहित करके ही काम निकलेगा। अगर कोई समझदार है, तो वो ज्ञान की बातों से ही समझ सकता है। पर इन बातों की समझ हमें कैसे आए और हम ऐसी सोच से कैसें बचें। अपने गुणों को कैसे उभारें कि वो हमारी ज़िंदगी को सुचारु ढंग से चलाने में मदद करे और हमें ये फ़र्क़ समझ आए कैसे हर बात का असर हमारे ऊपर सकरात्मक हो। हम ज़िंदगी में तीन अव्स्थ्याओं से गुज़रते हैं। बचपन, जवानी और बुढ़ापा। इन तीन अलग अलग अवस्थायों में क्या क्या होता है और क्या किया जा सकता है।

ज़िंदगी के बस तीन ही रंग हैं,
बचपन, जवानी और बुढ़ापा।
जो भी रंग मिले उसका लुत्फ़ उठा,
ना कर तू जमाने की परवाह।

<u>बचपन</u> : बचपन में हम बच्चों को सही आदतों से अवगत करा सकते हैं। बच्चे कच्चे घड़े की तरह होते हैं, जिन्हें कोई भी आकार में ढाल सकते हैं। पर अगर ज़िंदगी के इस पड़ाव पर हम चूक गये फिर बच्चों को दुनिया अपने

तरीक़े से सिखाएगी। यहाँ में यह नहीं कह रही की बच्चों को परेशान कर दो उनके ऊपर अपनी इच्छायाओं का बोझ डाल दो या फिर अपने सपने उन से पूरे करवायो। आकार बच्चों को अच्छे संस्कार, अच्छी आदतों ,अच्छे सोचने के तरीक़े बताकर और उनके सामने वैसा व्यहवार करके दिया जा सकता है। छोटे बच्चों को टेक्नॉलजी से जितना हो सके दूर रखो। थोड़े बड़े होने पर उनसे घर के छोटे छोटे काम में मदद लेनी चाहिए इससे उनको काम करने की आदत पड़ती है। बच्चे हम बड़ों को देखकर सीखते हैं। इसलिए अपना आचरण उनके सामने अच्छा रखें। उनको दिमाग़ी तौर पर ताकतवर बनाए। बचपन से ही मेहनत करना सिखाए। बच्चों का होम वर्क कभी भी खुद ना करें बल्कि हमेशा उनको ही करने दे, इससे वो ज़िम्मेदारी लेना सीखते हैं। बच्चे अगर अपना काम खुद कर सकते हैं तो उनको करने दे। अगर उनको मदद चाहिए तो मदद करें कि कैसे उस काम को करना है पर उनको काम करकर ना दें। अगर हम बच्चों को छोटी छोटी problem सुलझाना सिखाएँगे तभी तो वो ज़िंदगी के हर challenge के लिए तैयार होंगें। ज़िंदगी की hardship के लिए तैयार होंगें। जैसे उदाहरण के तौर पर भगवान राम जी बचपन में गुरुकुल में रहे, उन्होंने वहाँ

सब कुछ सीख फिर जब वनवास जाना पड़ा वो चले गए। उस कठिन समय के लिए श्री राम जी बचपन से ही तैयार थे। इस तरह अगर बच्चे बचपन से जानते हैं की कोई भी कठिनाई आए तो अपना मानसिक संतुलन कैसे बनाए रखना है तो वो दुनिया के कष्टों से निपटने के लिए तैयार होंगें।

जवानी : जवानी में बच्चों ने जो बचपन में सीखा होता हैं यानी कच्चे से पक्का घड़ा बनने को तैयार हो जाते हैं। इस अवस्था में बच्चे अच्छा बुरा समझने लग जाते हैं। स्कूल जाते हैं, कॉलेज जाते है। अगर बच्चे पहले ही तैयार नहीं होंगे तो उनको छोटी छोटी बातें भी बड़ी लगेंगीं। समस्या को सुलझाने की बजाय उलझ में उलझना सीख जाएँगे। अगर बच्चों को पता हैं कैसे किस बात को सोचना है और कौन सी बात रखने लायक़ और कौन सी बात छोड़ने लायक़ है तो युवा उलझन में भी सुझाव ढूँढने वाले होंगें। जब बच्चे युवावस्था में आ जाते हैं तब उनका मित्र बनकर रहें और उनसे सलाह लें। उनकी बात को भी आदर दें। उन के क्या सपने हैं उनकी इज्जत करें। खिलाड़ी बनना चाहते हैं तो उसे पूरे जोश से मेहनत करने दें। हर स्टूडेंट का अपना skill हैं। उसे खुली हवा में साँस

लेने दें। बच्चे से ऐसे रहो की वो हर बात आप से कहे। उसे बताए कि आप हमेशा उसके साथ हैं। जब पढ़ाई खत्म हो जाती है उसके बाद हम career की चिंता में डूब जातें हैं। लड़कियों की शादी होकर ससुराल चली जाती हैं। पर हमें अपने future के बारे में ज़रूर सोचना चाहिए। ससुराल जितना भी अच्छा हो अपने के लिए कमाई का साधन ज़रूर बनाएँ। क्योंकि ये कठिन समय में काम आता है। पर ज़िंदगी में ऐसा भी समय आ सकता है जब आप के पास कोई साधन नहीं है कमाने का और आप के पास education भी नहीं है। तब क्या कर सकते हैं, हम कोई हाथ का हुनर सीख सकते हैं। जैसे सिलाई का काम कर सकते हैं। बस आप की तलब होनी चाहिए काम करने की। आज social media में अच्छा रोज़गार हो सकता है। अगर आपने study बड़ी पहले complete की है तब समय समय अपने skill update करते रहें। सबसे पहले हमें आज की दुनिया में ये सोचना है कि कोई भी काम छोटा या बड़ा नहीं होता। अगर आप चाहें तो किसी भी बिज़्नेस को सफल बना सकते हैं बस आप में हौंसला और काम को करने का दृढ़ संकल्प होना चाहिए। उदाहरण के तौर पर बिलोर MBA chai Wala के बारे में सबने सुना होगा। अगर आप एक business चलाना

चाहते हैं तो मेहनत से उसे कामयाब कर सकते हैं। अगर career बदलना चाहते हैं, तो बदलो पर रूको मत। हम ऐसी सोच ना रखें की हमने डिग्री करके अब ये काम नहीं कर सकते वो काम नहीं कर सकते। अपना career बनाने का दायरा छोटा ना करो। पढ़े लिखे होना आप के लिए वरदान है, पर वही आपके लिए रुकावट भी बन जाता है, जब हमें मनचाही नौकरी नहीं मिलती और हम उसे भी नहीं लेना चाहते जो हमें मिल रहा होता है। अगर आप business कर रहें हैं और आपको घाटे पढ़ रहे हैं तो देखो की कहाँ गलती हो रही है। हो सकता है आप कुछ ठीक नहीं कर रहे हैं या फिर आप उस काम के लिए उपयुक्त नहीं हैं। अपनी उम्र को अपनी कामयाबी के आड़े ना आने दें। किसी भी उम्र में कामयाब हो सकते हैं। उदाहरण के तौर पर Wikipedia के अनुसार सरदार फ़ौजा सिंह जी 89 की ऊम्र में running को गम्भीरता से करना शुरू किया फिर और उन्होंने पहली रेस साल 2000 में London Marathon में भाग लिया। फिर उन्होंने 90+age bracket में 93 की उम्र में marathon race 6 घंटे और 54 मिनट में ख़त्म की। इसलिए उम्र तो महज़ एक नम्बर है।

बुढ़ापा : इस पड़ाव के आने से पहले ही हमें exercise शुरू कर देनी चाहिए। क्योंकि बुढ़ापे में सबसे मुश्किल काम अपने शरीर को सम्भालना है। अगर सेहत अच्छी होगी तो हम बुढ़ापे में भी अच्छे से बिना किसी पर बोझ बने रह सकते हैं। कई उदाहरण हैं जिन्होंने career ही बुढ़ापे शुरू किया और आज वो बेहद कामयाब हुए । जैसे चंद्रो तोमर जी ने sharshooting सीखना ही 65 साल की उम्र के बाद किया। बाद में वो शूटर दादी के नाम से जानी गयी। इस लिए ज़िंदगी के हर पड़ाव का दिल खोलकर लुत्फ़ उठाए, क्योंकि हर एक अवस्था ज़िंदगी की इक बार ही मिलेगी।

इसलिए हमें अच्छे गुणों को अपनाते हुआ निपुण और सुविचार वाला बनना चाहिए। चाहे student हो, bussiness man हो, aged हो, कोई भी हो, अगर life में शातिं चाहते हैं, success चाहते हैं तो definitely आप नीचे दी सब बातों को ज़िंदगी में अपनाकर आगे बढ़ सकते हैं।

3. अपनी आदतों को अपना गुलाम वनाए, नाकि आदतों का गुलाम वनें- Do not be slave of your habits rather make your habits your slave

अपनी आदतों के नशे में, इंसान चकनाचूर ही हो गया,
क्या सही है और क्या ग़लत, इस बात को ही भूल गया।

सबसे पहले अपनी आदतें देखें, कि वह ठीक हैं, यदि सही हैं, तो उनके गुलाम होने में कोई हर्ज नहीं, क्योंकि अच्छी आदतों के साथ जिंदगी काटना आसान है। अगर वो ठीक नहीं हैं, तो उन्हें छोडना बेहतर है क्योंकि उनके साथ जिंदगी काटना मुश्किल है। ज्यादातर समस्याओं के लिए हम खुद जिम्मेदार होते हैं। जेसे हम कई वार कहते हैं कि चाय की आदत नहीं छूटती, मैं शराब नहीं छोड सकता, मैं तो ऐसा ही करता हूं इत्यादि इत्यादि। जबकि हम गहराई से सोचें हमारा अपने ऊपर कोई नियंत्रण नहीं, हम आदत के गुलाम हैं। जबकि सफलता का मूलमंत्र है, कई बार न चाहते हुए भी हमें मेहनत करनी पडती है। अगर कोई बीमारी किसी खाने की वजह से है, तो

उसे छोड़ना पड़ता है। जब हम जो जरूरी है, उसे करने के लिए किसी आदत को छोड़ नहीं सकते इसका मतलब है, हम उसके गुलाम हैं। एक चलता फिरता शरीर आदतों का गुलाम बन जाता है। उदाहरण के तौर पर एक कल पर काम छोड़ने वाली आदत हमें नाकामयाबी की तरफ ले जा रही है, तो वेहतरी इसी में है कि हम उस आदत को बदलें, नाकि उस आदत के अधीन हो जायें, अगर हम कल पर ना छोड़कर, अभी काम करें तो कामयाबी तय है। इससे यह साबित होता है, हमारी सफलता या असफलता तय करने वाला factor हमारी आदत है। कई वार अनजाने में हम आदत के इतने आधीन हो जाते हैं, कि उस आदत की लत लग जाती है। Addiction अपने आप में कुछ नहीं वस एक ऐसी चीज़ है, जिसमें हम किसी भी चीज़ की over-consumption कर लेते हैं। उदाहरण के तौर पर आज के जमाने में हम mobile का use करते हैं। आज के समय में तेज़ी से technology का सही प्रयोग करना आना ज़रूरी हैं। इसके नशे से बढ़कर कोई नशा नहीं। अगर सही मायने में देखा जाए, तो एक आदत के आज ज़्यादातर हम लोग जो गुलाम हैं, तो वो है टेक्नॉलजी, चाहे वो टेलिविज़न के रूप में हो या फिर वो मोबाइल। हम लोग पूरा दिन फ़ोन या इंटर्नेट

या टेक्नॉलजी पर गवा देते हैं फिर सोचते हैं कि ज़िंदगी ठीक नहीं चल रही। वास्तव में होता ये है कि हमें सही मायने में टेक्नॉलजी बुलाती हैं हम टेक्नॉलजी के पास नहीं जाते। जैसे आजकल युवा ऑनलाइन गेम्ज़ खेलते हैं, वो अपने चॉस से पहली बार जाते फिर बस वो उसके गुलाम हो जाते हैं। चाहिए तो ये की हम किसी भी चीज़ को अपनी मर्ज़ी से प्रयोग करें नाकि वो हमें बुलाए। पर टेक्नॉलजी में सबके साथ यही हो रहा है कि ना चाहते हुए भी आवर्ज़ उसी पर लगा देते हैं और ज़रूरी काम रह जाते हैं। इसमे हम ये भूल जाते हैं की हम इक ज़िंदा इंसान हैं और हमारे दिमाग़ को कोई और ही चीज़ कंट्रोल कर रही है वो है हमारी कोई ऐसी आदत जो अडिक्शन बन चुकी है। इसलिए समय रहते अपने आदतों की जाँच पड़ताल करते रहें।

मोबाइल का तो ये हाल है,
आज किसी से मिलने की ख्याहिश नहीं रही है,
क्योंकि कल ही तो बात हुई है।
जब बचपन में थे,तो भागे जाते थे अगर रिश्तेदार थे आते,
अब कोई घर भी आ जाए तो भी मोबाइल के साथ एक
कोने में बैठे हैं रहते।

इसलिए याद रखें आदत आपका चयन न करे वल्कि आप आदत का चयन करें। ऐसी कई आदतें हैं, जैसे मेहनत करने से टलना जबकि पता है, hard work ज़रूरी है सफ़लता की सीढ़ी पर चढ़ने के लिए। याद रखें ग़लत आदतें automatically आ जाती हैं, जबकि अच्छी आदतें लेने के लिए प्रयास करना पड़ता है। जैसे लाइट जगाने के लिए switch on करना पड़ता है, तभी अंधेरे में रोशनी होती हैं। चयन आपका है, आपने automatic लाइट का इस्तेमाल करना है या फिर switch का।

4. अपने विचार पर विचार करें क्योंकि विचार ही सुख-दुख का कारण है- KEEP AN EYE ON YOUR THOUGHT BECAUSE IT IS THE CAUSE OF HAPPINESS AND SORROW.

विचारों के घेरे में, दुनिया फस गयी है,
क्योंकि इस विचार ने ही, ज़िंदगी सवार दी,
और इस विचार ने ही ज़िंदगी बिगाड़ दी।

हमारा विचार ही जीवन का आधार है। अगर विचार खुशी वाला आ गया, तो खुश हो जायेंगें, वही दुख वाला आ गया तो दुखी हो जाएगें। इसलिए इस पर नजर रखना जरूरी है।विचार ही नींव है, इससे ही हम अपने ऊपर नियंत्रण रख सकते हैं। विचार ऐसा हो जिससे सुख मिले और आप खुश रहें। अगर हम अच्छे विचारों के आदी हो जायेगें, तो हर हाल में खुश रहेगें। जिंदगी क्या है, इन चंद विचारों की जंग जो हम पर भारी पड जाते हैं और जिंदगी की खुशहाली तय करते हैं। उतार-चढाव किस के नसीब में नहीं, बस जिसने अपने विचारों से जीतना सीख लिया, उसने ज़िंदगी में मस्त रहना सीख लिया। किसी

ने खूब कहा है, ज़िंदगी जिंदादिली का नाम है, जो एक विचार की ऊपज है। विचार पर विचार करने से विचार पर नियंत्रण हो जाता है और जब नियंत्रण हो जाता है, तो हमें पता होता है कि हमारे लिए क्या अच्छा है। उदाहरण के तौर पर किसी ने मुझे बुरा बोल दिया कि मेरी कोई आदत अच्छी नहीं हैं। तो ना जाने कितने विचार मेरे अंदर घर कर सकते हैं, जैसे ऐसे क्यों बोला, मैं अच्छी नहीं लग रही या फिर उस इंसान के बारे में सोचने लग जाऊँगी कि वह बहुत बुरा इंसान है। इस तरह से हमारे अंदर हर रोज़ हज़ारों विचार घूमते हैं। जब हमारे अंदर विचार घूमने हैं, तब क्यों ना इन विचारों को साहसी और डर रहित विचारों से बदल दें। क्योंकि ज़्यादातर विचार जो हमारे अंदर आते हैं, वो नेगेटिव होते जाते हैं अगर हम उन पर ध्यान ना दें। हमें विचार को एक बेहतर विचार से बदलना होता है। हम अपनी सोच को control नहीं कर सकते, पर हम अपने विचारों को, अपनी सोच को नेगेटिव विचार की जगह पॉज़िटिव विचार में बदलकर सही रूप दे सकते हैं, यानी विचार को विचार से ही कंट्रोल कर सकते हैं। हम निराशावादी विचार को आशावादी विचार से बदल सकते हैं, एक विचार जो काम करने से रोकने के लिए डरा रहा है, उस विचार को साहस

भरे विचार से बदल सकते हैं। इसी तरह हम अपने विचारों का चयन कर सकते हैं, कि कौन से विचार सोचने हैं। पहले पहले मुश्किल होगी पर, फिर यही process आसान हो जाएगा। हमारा दूसरा nature बन जाएगा। हमारा काम है, बस जो विचार ठीक नहीं उसे एक ऐसे विचार से बदल दो, जो आप के लिए बेहतर हो। बार बार ये काम करना पड़ेगा, क्योंकि life हर रोज़ नया challenge लेकर आती, जिससे हमारे विचार बदलते रहते हैं, पर हमें ये process छोड़ना नहीं है, अपनी बेहतर ज़िंदगी के लिए। जैसे एक भूत की कहानी सुनी होगी। एक बार एक भूत एक इंसान को मिलता है। वह बोलता है, कि अगर तुमने मुझे काम नहीं दिया, तो में तुम्हें खा जायूँगा। वह इंसान उससे सारे घर के काम करवाता है, पर भूत सारे काम ख़त्म करके वापिस उस इंसान के पास आ जाता है। इस तरह इंसान के सारे काम ख़त्म हो जाते हैं। फिर उस इंसान की पत्नी बहुत डर जाती है, कि अगर इस भूत को काम नहीं दिया, तो ये मेरे पति को खा जाएगा। पर वह इंसान बहुत ही intelligent था, फिर उसे इक idea सूझता है। वो अपने घर के सामने एक पेड़ देखता है। वह इंसान भूत को बोलता है, कि अब तेरा काम है, इस पेड़ पर चढ़ना और

उतरना। तो वह भूत उस पेड़ पर उतरता रहा और चढ़ता रहा, इस तरह उसका काम ख़त्म नहीं हुआ। कहने का भाव ये है कि हमारे विचार भी उस भूत की तरह हैं, अगर अच्छे और सकरात्मक ना हो तो इंसान को ही अंदर से खाने लग जाते हैं। उनसे बचने का यही तरीक़ा है, उस पेड़ की तरह विचार नीचे गिरे उन्हें फिर से ऊपर उठा लो, डर लगे तो साहस वाले विचार ले आयो, आलस आए तो मेहनत करने के विचार ले आयो। हर नेगेटिव विचार को पॉज़िटिव में बदलते रहो। यही process चला रखो। इससे ग़लत विचार साथ के साथ सही हो जाएँगें और कई ज़िंदगी की उलझनों से निकल जाएगें।

5. जैसा ख्याल वैसा हाल- THE WAY WE THINK, SO WE BECOME.

सोचने से ही, एक शुरुआत होती है,
इंसान सब कर सकता है, अगर करने की मुराद होती है।

जैसा हम सोचते हैं, वैसे ही हम बन जाते हैं, ख्याल में बहुत ताकत है। ख्याल क्या है imagination, means the way we imagine we become.एक कहावत भी है, जहां चाह वहां राह। कुदरत तौर पर हम acts ऐसे करने लगते हैं और वो acts उस तरफ ले जाते हैं, जैसा हम सोचते हैं। उदाहरण के तौर पर संसार की जितनी भी चीजें हैं, वह सारी एक ख्याल की उत्पति है। इंसान के अदंर ही विष और अमृत है। हमारे ऊपर निर्भर करता है कि विष भरे ख्याल को अपने ऊपर हावी होने देना चाहते हैं या फिर अमृत को अपनाना चाहते हैं। विष भरे चाहना जैसै कि नशे की आदत नशे के पथ पर अग्रसर करती है। उदाहरण के तौर पर अगर चाहना को अमृत के ख्याल से सींच दिया जाए, तो राह भी वैसी वन जाती है। दूसरे शब्दों में ख्याल एक बीज की भांति है, जो बीज

बोयेगें वही फल मिलेगा। अगर बीज वोये बबूल के तो आम नहीं मिल सकते। इसलिए जहां चाह वहीं की राह तैयार होती है। यानि जैसा ख्याल वैसा हाल। जैसे हम visualization techniques का इस्तेमाल mental health, sports आदि में करते हैं। As per the definition of oxford dictionary, Visualization is the act of forming a picture of something and as per the Collins dictionary, visualization is a technique involving focusing on positive mental images in order to achieve a particular goal. Mental Health में इन techniques को use करके हम अपने behaviour को ठीक करते हैं।   इन techniques का use करके हम sports में आत्म विश्वास हासिल करते हैं। जैसे मैं हर रोज़ सुबह उठकर जब भगवान को याद करती हूँ, तो एक तरह से visualisation technique का उपयोग करती हूँ। कल्पना करती हूँ भगवान हमारे आसपास हैं और वैसे महसूस भी करती हूँ, और पूरे दिन वो energy मुझे शक्ति देती है। इस तरह देखा जाए इस universe में जो भी एक एक चीज़ है, वो कल्पना से ही उत्पन हुई है। हम आज जो फ़ोन का प्रयोग करते हैं, देखा जाए तो, ये भी एक

कल्पना थी। जैसे पहले इंसान उड़ने की कल्पना करता था, और आज उस कल्पना को वास्तव में हम देख सकते हैं। हम वायुयान में उड़ सकते हैं, यात्रा कर सकते हैं, एक स्थान से दूसरे स्थान तक। इसी तरह अगर हम इस कल्पना को अपने भविष्य के लिए उपयोग करें, तो कई अनसुलझी समस्याओं को सुलझा सकते हैं। कभी आकाश में पहुँचने की भी कल्पना की होगी इंसान ने, और अब इंसान वहाँ भी पहुँच गया है। इसी तरह अगर हम कल्पना का प्रयोग अपनी हर रोज़ की ज़िंदगी में करें और हर समस्या को कल्पना से सुलझा कर दिमाग़ी तौर से आगे निकल जाएँ तो हम कई problems का solution पा सकते हैं। जैसे हम कोई भी research करते हैं तो उसमें hypothese लेते हैं, कि ऐसा होगा research के बाद। hypothese भी एक तरह से कल्पना ही है। इस तरह फिर research करके फिर बताते हैं की वो कल्पना सच है या झूठ है। जैसे हमारे बुजुर्ग कहते थे की सब आपके माथे पे है, इसका मतलब था की हम कैसा सोचते हैं।हम कोई भी विचार उठाते हैं, तो इमैजिनेशन साथ में चलती हैं। उदाहरण के तौर पर सोचे में बस में कॉलेज जा रही हूँ। आपको क्या नज़र आया बस। अब सोचूँ में राजस्थान में ऊँट पर बैठकर जा रही हूँ, तो क्या नज़र आएगा

"ऊँट"। इसका मतलब है, हम जो भी सोचते हैं वो इमैजिन भी साथ में करते हैं। Imagination की कोई भी limit नहीं हैं। हम कहीं भी जा सकते हैं imagination में। अब हमें ये समझ आ गया की अच्छी imagination हमारे control में हैं। क्यों ना हम अपनी ज़िंदगी में कुछ ग़लत सोचने की वजाए अच्छा सोचें और अच्छी imagination लेकर आएँ। जब imagination की कोई limit नहीं हैं, तो हम हर जो चीज़ हमारे लिए अच्छी है, सोचें चाहे वो possible ना भी लगती हो। ऐसे करने से हमारी imagination, हमारी कल्पना हमारे विचार को दिशा निर्देश देगी और हम अपने goal को ही देखेगें और आसपास की रुकावटों पर ध्यान नहीं जाएगा। हर कठिन समय में भी निकलना आ जाएगा। अब हम imagination यानी कल्पना की शक्ति का इस्तेमाल कैसे करेंगें। अगर हमें successful होना है, तो हमें हर रोज़ imagine करना है। सबसे पहले हमें पता होना चाहिए की हम क्या करना चाहते हैं। उदाहरण के तौर पे आप स्टूडेंट हो, आप सोच सकते हो कि आप रोज़ कॉलेज जा रहे हो, आप को क्लास में हर subject बड़े अच्छे से समझ आ रहा है। अगले दिन क्लास में क्या विषय पे बात करनी है, वो imagine करो। फिर आप उस विषय को बड़े अच्छे से

कल्पना में समझें। बार बार से इमैजिन करते रहो। जैसे आप प्लेअर हो और बड़ा ही important match खेलने जा रहे हो, अपने आप को इस मैच से पहले बार बार imagine करके खेलो की आप बेस्ट शॉट लगा रहे हो। आप बेहतरीन प्रदर्शन कर रहे हो। चाहे आप फ़िज़िक्ली वहाँ ना हो, पर आप ने अपने आप को mentally पहले ही तैयार कर लिया है। अगर आप कोई exam की तैयारी कर रहे हैं, तो सोचें की उसमें आप कामयाब हो रहे हो। मैं एक आम इंसान हूँ, पर ज़िंदगी में आज तक वही पाया है, जिसकी कल्पना की है। मैं बचपन से अच्छे से अच्छा imagine करती थी और मेरे साथ वैसा ही होता था। किस स्कूल में पढ़ना है, किस देश में आगे की पढ़ाई करनी है। सच में जब हम अच्छा imagine करते हैं हमें लोग भी ज़्यादातर वैसे ही मिलते हैं, ज़िंदगी में जो हमें help करते हैं। आपके हाथ में सब कुछ है, बस इसका इस्तेमाल करकर देखें।

6. एक शुरूआत जरूरी है, कामयावी के लिए, पर रास्ता चलकर ही खत्म होगा- STARTING IS IMPORTANT STILL THE COMPLETION OF TASK IS NECESSARY.

चाहे सफ़र छोटा है या लम्बा है, इससे क्या फ़र्क़ पड़ता है, पर फ़र्क़ तब पड़ता है, जब चलना ही छोड़ दो।

अब हमारे पास अच्छा विचार आ गया, आदत की अधीनता छोड़ दी, ख्याल भी अच्छा आ गया, क्या सोचने से सब कुछ हो जाएगा, नहीं हमें एक शुरुआत करनी पड़ेगी कामयाबी के लिए। वह शुरुआत होगी एक action से, जो हमें लेना पड़ेगा उस idea को रूप देने के लिए। क्योंकि बैठे हुए इंसान से चला हुआ इंसान बेहतर है। चलने के लिए हमें प्रयास तो करना पडेगा। चाल चलने से हम कहीं तो पहुंचेगें।उदाहरण के तौर पर अगर हम लड्डू खाना चाहते हैं और हम लड्डू-लड्डू सोचते रहें, तो वो हमारे मुंह में नहीं आ जाएगा।लड्डू खाने के लिए पहले उसके वनाने की विधि सीखनी पड़ेगी। फिर विधि अनुसार सामाग्री लाकर लड्डू तैयार करने पड़ेगें, तभी हम उनको खा सकते हैं। और हो सकता है

हम व्यायाम करना चाहते है, अगर रोज़ सोचते रहें तो अपने आप व्यायाम नहीं होगा। पहले हमें gym में जाना पड़ेगा, exercise करनी पड़ेगी। इसी तरह अगर हम ज़िंदगी में कोई लक्ष्य प्राप्त करना चाहते हैं, तो उस तक पहुंचने के लिए action लेना पड़ेगा, एक शुरुआत करनी पड़ेगी। कई बार देखा होगा, हमारे पास बड़ा अच्छा idea होता है, और हम काम शुरू भी कर देते हैं, पर उसके बाद हम सफ़र करना छोड़ देते हैं, जिसके बिना ये शुरुआत को मंज़िल नहीं मिल सकती। उदाहरण के तौर पर सचिन जी ने शुरुआत की और क्रिकेट की practice जारी रखी, तभी वो अपनी मंज़िल तक पहुँच पाए। वह जानते थे की हर रोज़ नयी शुरुआत है, इसलिए हर रोज़ 12-14 घंटे प्रैक्टिस करते थे। इसलिए हर रोज़ एक शुरुआत करो, अगर सफल ना हो तो दूसरी, दूसरी सफल ना हो तीसरी शुरुआत करो। बस शुरुआत करते चलो। सूरज रोज़ ढलता है और नई सुबह लाता है, एक नए सूर्योदय के साथ। अगर सूरज सोचे की मैं आज डूब गया, अब कभी नहीं निकल पाऊँगा तो क्या होगा? हर तरफ़ अंधेरा ही अंधेरा। इसलिए सूरज को पता है, शुरुआत करनी कितनी ज़रूरी है, इसलिए वो हर रोज़ शुरुआत करता है और निकलता है, नयी ऊर्जा के साथ। ज़िंदगी

भी रोज़ एक नयी जंग है, जो हमें लड़नी पड़ती है। अब हमें दिल्ली से मुंबई जाना है, तो सफ़र दिल्ली से मुंबई तक करना ही पड़ेगा। हो सकता है, हम कुछ दिन गुजरात रूक गये, कुछ दिन राजस्थान में खो गये, फिर याद आया की मंज़िल मुंबई है, तो फिर चल पड़े। इस तरह रुकते रुकाते हम मुंबई पहुँच ही जायेंगें। पर अगर मंज़िल का सोचेंगे नहीं, उसका सफ़र करने को ready नहीं, तो कभी भी मुंबई नहीं पहुँचेगें। हो सकता है, हम आधे रास्ते में ही हो और वहीं से वापिस आ जायें, ये सोच कर की बड़ी दूर ज़ाया नहीं जाएगा। यही हाल हमारे योजनाओं का होता है। हम प्लानिंग तो बहुत करते हैं पर या तो उसे शुरुआत ही नहीं करते या फिर हम उन्हें शुरू तो करते हैं, पर रास्ते में ही भटक जाते हैं और फिर सोचते हैं अब नहीं होगा।भटक कोई भी सकता है, पर कहा भी है "सुबह का भुला अगर शाम को घर आ जाए तो उसे भुला नहीं कहते।" इसलिए याद रखें सफ़र तो करना ही पड़ेगा। वो आपको ही करना पड़ेगा कोई और नहीं कर सकता आप के लिए। चयन आपका है, आपने अपनी मंज़िल पर हिम्मत के साथ कैसे पहुँचना है। ये फ़र्क़ नहीं पड़ता आप सीधे पहुँचे या भटकते हुए।

अगर एक जगह पे हताश होकर बैठ जाएँगे तो क्या रास्ता मिल जाएगा कदापि नहीं, रास्ता तो चलकर ही ख़त्म होगा। अगर आप ने किसी दूसरे स्थान में जाना है तब आपको गाड़ी में तो बैठना ही पड़ेगा और चलकर जाना ही पड़ेगा। इसी तरह अगर किसी को डॉक्टर बनना है तो उसे वो सारी स्टडी करनी पड़ेगी जो ज़रूरी है, बिना उसके तो डॉक्टर भी नहीं बन सकते। इसी तरह ज़िन्दगी में इंसान जो पाना चाहता है, उस के लिए उसे सफ़र तो करना ही पड़ेगा, मुसाफ़िर तो बनना ही पड़ेगा। मंज़िले यू ही बैठने से नहीं मिला करती, एक क़दम पे क़दम तो बढ़ाना ही पड़ता है। बैठे हुए इंसान से चला हुआ बेहतर है, क्योंकि वो चलकर कहीं तो पहुंच ही जाएगा। कुछ न करने से कुछ करना भला है। आज जैसे में ये पुस्तक लिख रहीं हूँ, तो मुझे इस के लिए रातों को भी जागना पड़ सकता हैं। मुझे परिवार को टाइम देने के साथ साथ इस पर भी मेहनत करनी पड़ेगी। कहना का मतलब मुझे लिखना तो पड़ेगा, रास्ता तो चलकर ही खत्म होगा चाहे रोज़ थोड़ा चलूँ। उदाहरण के तौर पर आप जज बनना चाहते हो, तो आपको Judiciary का टेस्ट देना पड़ेगा। उससे पहले आपको Judiciary का exam किस स्टेट का देना है, वो decide करना पड़ेगा, फिर आपको उस

state के syllabus की तैयारी करनी पड़ेगी। उससे भी पहले आपको इग्ज़ैम में eligible होने के लिए law की स्टडी करनी पड़ेगी। Law की स्टडी से भी पहले आपको हाई स्कूल करना पड़ेगा। उससे भी पहले प्राइमरी स्कूल में पढ़ना पड़ेगा। इस तरह रास्ता चलकर ही ख़त्म होगा। जो भी जज बनना चाहता, उसे स्कूल से लेकर university तक का सफ़र करना पड़ेगा। फिर वो टेस्ट के लिए eligible होगा और टेस्ट clear होने बाद जज बन पाएगा। इसी तरह अगर आप प्लेअर बनना चाहते हैं, तो आपको हर रोज़ अभ्यास करना पड़ेगा। अगर हम सोचेंगे की हम प्लेअर बन जायें और स्पोर्ट्स में भाग ना लें, तो क्या हम अपना प्लेअर बनने का सपना पूरा कर सकते हैं? बिलकुल नहीं, हमें उस प्रॉसेस से तो गुजरना ही पड़ेगा। शुरुआत भी करनी पड़ेगी और रास्ता भी तय करना पड़ेगा।

7. स्वांवलोकन (INTROSPECTION) करते रहें-
KEEP INTROSPECTING

खुद से, खुदी के बारे में सवाल कर,
ए दोस्त, अपने पे ऐतवार कर।
अपने को आईना, हर रोज़ दिखाता जा,
जीने का नया ढंग, खुद को सीखाता जा।

समय -समय पर अपने आप का अवलोकन करते रहें ताकि अपने को सही रास्ते पर ला सकें। कई बार हम अपने लक्ष्य से भटक जाते हैं और दूसरे कामों में लग जाते हैं, जिस के चलते हमारी मंज़िल हमारे से दूर होती जाती है। जैसे घर में रोज झाड़ू लगानी जरूरी है, घर को साफ-सुथरा रखने के लिए, वेसै ही हमें अपने-आप की जांच करते रहना चाहिए। जैसे पड़े-पड़े शीशे पर धूल जम जाती है और अगर उसमें मुहं देखना हो, तो उसे साफ करना पड़ेगा ठीक इसी तरह लक्ष्य की प्राप्ति के लिए बार-बार स्वांवलोकन करना जरूरी है, ताकि लक्ष्य और लक्ष्य प्राप्ति का रास्ता गंदला न पड़े।किसी भी काम को करने के बाद में सोचें कि इसे कितना अच्छा किया है

और अच्छा कैसे बनाया जा सकता है। हर रात सोने से पहले सोचे आज क्या किया, फिर सोचें कल क्या करना है और कैसे करना है।ऐसा करने से हम अपनी मंज़िल से भटकेंगे नहीं। अगर भटक भी गये, जैसे मुंबई जाने की वजाय राजस्थान उतर गये, तो अगर हम स्वांवलोकन करते रहेंगे, तो हमें पता चल जाएगा की आधे रास्ते में या ग़लत स्टेशन पर उतर गये हैं, अभी मुंबई का स्टेशन दूर है। तब हम फ़ोरन मुंबई की ट्रेन में बैठ जाएँगें। इस तरह से स्वांवलोकन हमें सही रास्ते पे और मंज़िल के क़रीब ले जाता है। स्वांवलोकन हमारे अंदर आत्म विश्वास लेकर आता है। हमें पता चलता है, कि कहाँ हम सही कर रहे हैं, और कहाँ हम ग़लत कर रहे हैं। इससे हमें ये भी पता चलता है, कि कहीं हम ग़लत रास्ते पर तो नहीं, कहीं हम अवसर गवा तो नहीं रहे। इससे हमारी इच्छा शक्ति बढ़ती है। देखिए जो गाड़ी चली तो बड़ी रफ़्तार से है, बिना रास्ता देखे इधर उधर चली है, जिसे ना ही मंज़िल का पता है, उसका तो कही भी ऐक्सिडेंट हो सकता है और चोट लग सकती है। उससे तो वह गाड़ी बेहतर है, जो रोज़ थोड़ी चलती है, पर उसमें सफ़र करने से सफ़र में मज़ा भी आता है और जानकारी भी मिलती है और चोट से भी बचाव रहता है। इसी तरह अपने लक्ष्य

की प्राप्ति के लिए हमें समय समय पर, अपने आप को देखते रहने चाहिए और हर रोज़ नए आत्मविश्वास और इच्छाशक्ति से आगे बढ़ते रहना चाहिए।

8. समस्या का सामना करें- FACE THE PROBLEM.

समस्या ना आए, तो सीखेगा कैसे,
पानी में जाए बिना ,तैराक नहीं बनते जैसे।

we should face the problem, कभी भी किसी समस्या से भागे नहीं क्योंकि भागना कोई solution नहीं, बह समस्या कभी ना कभी किसी और रूप में आप की ज़िन्दगी में आएगी ज़रूर। इसलिए **अगर इसे समय रहते face किया होगा, फिर सब आसान होगा। क्योंकि कोई भी काम पहली बार मुश्किल होता है, फिर सब आसान हो जाता है, जब हमें problems को सुलझाना आ जाता है।** उदाहरण के तौर पर एक बच्चे को फोड़ा हो जाता है, मां बच्चे को डॉक्टर के पास लेकर जाती है।अब मां को पता है, कि बच्चा रोयेगा चिल्लायेगा पर फोड़े को चीरा लगाकर ठीक करना पड़ेगा, नहीं तो वही फोड़ा नासूर बन जायेगा।बच्चे को चाहे दुख हो रहा हो, पर मां को पता है उसके बच्चे की भलाई समस्या का सामना करने में ही है। अगर आप किसी भी काम में असफल हो गये हो, तो

उसे स्वीकार करते हुए उसका सामना करें और नयी ऊर्जा के साथ फिर से जुट जाएँ। उदाहरण के तौर पर किसी क्लास का स्टूडेंट फैल हो गया। तो इससे भागे नहीं, क्या हुआ अगर फैल हो गये, आगे के लिए मेहनत करो और आगे बड़ो।हम सामना क्यों नहीं करते? क्योंकि हम सोचते हैं, कि दुनिया क्या कहेगी, दोस्त क्या सोचेगें, जबकि ऐसा कुछ नहीं हैं। जैसे आप अपनी समस्या में उलझे हैं, वैसे ही लोग, हमारे दोस्त, और रिश्तेदार सब अपनी अपनी ज़िंदगी में उलझन में उलझे हुए हैं। किसी के पास समय नहीं किसी के बारे में भी सोचने का। अगर कोई बनाएगा भी दो दिन बातें बना पाएगा, उसके बाद भूल जाएँगे। उदाहरण के तौर पर politician तो फिर कभी politics कर ही नहीं पायेंगें इस डर से, क्योंकि उनके बारे में ना जाने रोज़ कितनी ही अफ़वाहें और बातें बनती हैं। **इस लिए छुपकर नहीं बाहर निकल कर समस्या का सामना करो। आपकी समस्या का आपको ही सामना करना पड़ेगा, अगर आप अपनी समस्या का खुद सामना नहीं करेंगे तो कौन करेगा।** अगर आप पर कोई अत्याचार कर रहा है तो इसका सामना करो, चुप रहकर उस इंसान को हम बढ़ावा देते हैं और अत्याचार करने का। उदाहरण के तौर पर अगर कोई आपके साथ ठीक व्यवहार नहीं

करता, उसे पहली बार में रोक दो। उसकी बातों के दवाव में ना आएँ। अगर रिश्ते में मानसिक या शारीरिक तौर पर कष्ट दिया जा रहा तो चुप ना बैठो सामना करो। क्योंकि **अपनी समस्या का खुद ही सामना नहीं करेंगे तो कौन करेगा।**

9. समय एक जैसा नहीं रहता- TIME NEVER STAYS THE SAME.

समय बड़ा ही, बलबान है,
इसमें जो मुस्कराके जिए, उसी की शान है।
श्री राम जी को भी, इस ने वनवास के दिन दिखाए,
महाभारत में भी, अर्जुन से तीर पे तीर चलवाए।
सच्चाई यही है, ज़िंदगी में, हर तरह के सुख और दुःख सहेगा,
इसलिए ऐ इंसान, तेरा समय भी बदलता रहेगा।
फिर ग़म काहेगा, बस तू चला चल,
मुसाफ़िर है, सफ़र पर निकल।

अकबर ने एक बार बीरबल से पूछा एक ऐसी बात लिखो जो इंसान सुख में पढ़े तो दुःख हो और दुःख में पढ़े तो सुख हो। तो बीरबल ने उत्तर दिया की ये वक्त भी गुज़र जाएगा। जी हां जैसे सुख नहीं रहता वैसे ही दुःख भी गुज़र ही जाता है। हमें दुःख का समय अधिक परेशान करता है क्योंकिं हम अंदर से लगाव कर बैठते हैं हर उस चीज़ से जो हमें दुःख देती है। अगर हम अपने परिवार को देखें तो हमारा समय भी बदला है। हम छोटे से बड़े हो गये। किसी ने डिग्री कर ली, कोई जॉब कर रहा।

किसी ने कॉलेज में admission ले ली। इस तरह समय लगातार बदलता रहता है । जैसे भगवान श्री कृष्ण जी ने भगवत गीता में कहा है कि "परिवर्तन ही संसार का नियम है"। इसलिए हमारी ज़िंदगी में भी हर समय बदलाव हो रहे हैं। ऐसा तब से होता आया है, जब से सृष्टि बनी हैं। इसका प्रमाण इस बात से मिलता है जैसे अलग अलग युग बदले। अगर समय की बात करें, तो किसी का भी एक जैसा नहीं रहता, इसके कई ऊदाहरण हैं, जैसे सचिन जी के जीवन में कितना कठिन समय आया जब उन्हें चोट लगी फिर भी हिम्मत नहीं हारी, श्री राम चन्द्र जी के जीवन को देखें, तो महलों के रहने वालों को जगलों में भी विचरना पड़ा । ईबराहिम लिंकन जी के जीवन को देखें, तो हमें बताता है समय हमेशा बदलता रहता। इसलिए किसी भी स्थिति में घवराए नहीं। हम अपनी ज़िंदगी में देखें, आजतक समय कितना बदल गया है जैसे पहले फ़ोन नहीं हुआ करते थे। संदेश भेजे जाते थे। आजकल फ़ोन हैं, इंटरनेट हैं,जिस की वजह से सारे काम करने के तरीक़े बदल गये हैं। आज पढ़ाई के तरीक़े बदल गये हैं। हर रोज़ बदलाव हो रहें हैं। Society में बदलाव ऐसे होता है, जैसे एक छोटा सा बच्चा जब पैदा होता है फिर देखते ही देखते बड़ा हो जाता है। माँ बाप

को लगता है,ये कब बड़ा हो गया हमारा छोटा सा बच्चा। इसी तरह change हर रोज़ हो रहा है। समय हर रोज़ बदल रहा है, पर हमें पता नहीं चलता। हम सोचते हैं, कि हर चीज़ हमारे मुताबिक़ हो पर वो होती नहीं हैं, फिर हम हताश हो जाते हैं। हम हताश इसलिए होते हैं, क्योंकिं हम ये भूल जाते हैं, कि समय ही बलवान हैं। जैसे महाभारत में पांडवो का समय भी ख़राब आया, जब उन्हें छुप छुप के रहना पड़ा। माता सीता को जंगल में जाकर अपने बच्चों को पालना पड़ा। ये सब समय का फेर था। ज़िंदगी ऐसे ही चलती है, कभी लाभ तो कभी हानि। कभी विजय, तो कभी पराजय। बुरे समय में बस इतना याद रखो कि अच्छे दिन भी आएँगे क्योंकिं समय एक सा नहीं रहता। जैसे आप ने सरताज जी का रूहानी गाना सुना होगा जिसके बोल हैं, "इबादत कर, इबादत करण ना गल बनंदी है, किसे दी आज बनदी है, किसे दी कल बनदी है।" जी हां ये समय है, आता सब का है बस सवर रखो और कोशिश करते रहो।हर समय भगवान से यही Prayer करो की जो भी मेरे लिए अच्छा हो, वही हो। जैसे भगवत गीता में कहा है, हमारे हाथ में सिर्फ़ क़र्म हैं परिणाम हमारे वश में नहीं। तो क्यों ना उस भगवान के आगे सिर झुकाकर अपना क़र्म करते जाएँ।

10. वर्तमान समय की कदर करें, वही सब से कीमती है- THE PRESENT TIME IS PRECIOUS, SO VALUE IT.

चिंता करने से, किसका भला हुआ है,
जो अभी कर रहे हो, वही तो ज़िंदगी में अदा हुआ है।

चिंता हमेशा भविष्य की होती है या कभी-कभी पछतावा होता है, डर होता है, जो चिंता का रूप ले लेता है। तुलसी दास जी ने कहा है, जो सिर पर पड़े उसे निपटो। जो हो गया वो हमारे वस में नहीं और जो भविष्य में होगा उस पर हमारा नियंत्रण नहीं । इसलिए हम अपना कीमती समय इन दो बातों में व्यर्थ करते जाते हैं। चिंता चिता समान है क्योंकि ज्यादातर जो चिंता कर रहे होते हैं वो वास्तव में होती ही नहीं। चिंता जब भी आये तो एक बार गीता सार को याद कर लें। जो लिया यहीं से लिया। जो डर में energy waste होती है, अगर वही energy अपने सपने में लगाएगें तो कामयाबी से कोई नहीं रोक सकता। जिस समय जो problem आए उसे solve करलो।

अब पछताय होत क्या,
जब चिड़िया चुग गयी खेत।

Present time सबसे क़ीमती है, जो इंसान वर्तमान समय में रहता है वही successful होता है। पीछे मुड़कर न देखो जो हो गया वो नहीं बदल सकता। अगर पीछे देखते हूए आगे चलने की कोशिश करेंगे, तो ठोकर लगकर गिर जाएगें। आगे की आस न करो क्योंकि सोचने से कुछ नहीं होगा जो अभी हमारे हाथ में नहीं है। उदाहरण के तौर पर सीढ़ी चढ़ने के लिए एक-एक कदम से गुजर कर जाना पड़ेगा, हम सीधे एक कदम में सीढ़ी नहीं पार कर सकते। एक-एक कदम से यहां तात्पर्य है वर्तमान। अपने Present को सही दिशा दो इससे present, past and future change हो जाएगा। एक और उदाहरण दिया जा सकता है,जिससे ये सावित होता है, वर्तमान समय ही अनमोल है। अगर कोई बीमार हो जाए और वो सोचे पुराने समय का डॉक्टर बड़ा ही अच्छा था उससे ईलाज करवाना है, तो ऐसा नहीं हो सकता, उस मरीज को वर्तमान डॉक्टर के पास से ईलाज ही संभव है। इसी तरह सफलता वर्तमान समय पर केंद्रित होकर ही मिलती है।

इसलिए जीना है तो अभी के लिए जीयो। जिंदगीं ऐसे जियो जैसे किराये के मकान में रह रहें, क्योंकि हमारा शरीर जीता जागता किराये का मकान है, जो हर इंसान को अलग-अलग ऊम्र के लिए मिला है। इसलिए कभी परेशान नहीं होना, बस अपना काम करते चलें। हर इंसान का contract lord के साथ है। इसलिए कठिनायों से क्या घबराना।जिंदगीं का आनंद उस शहद की मक्खी की तरह न लो जो शहद के बीच में बैठकर शहद में लथ-पथ होकर वहीं मर जाती है। बल्कि शहद का आनंद उस मक्खी की तरह लो जो side में बैठकर शहद भी खाती है और उड़ भी जाती है। इसी तरह हमें भी जीने का आनंद लेना चाहिए और किसी भी हार और जीत को दिल से नहीं लगाना चाहिए। जैसे हरिवंशराय वच्चन जी एक कविता है, जो बीत गई सो बात गई । उसमें कितने तरीक़े से बताया गया है कि present में रहो। कवि ने खूब कहा है, कि आसमान कभी टूटे तारों पे शोक नहीं मनाता, चाहे उसे तारा कितना ही प्यारा हो। जो छूट गये, वो फिर नहीं मिलते। इसलिए जो बात बीत गयी सो बीत गयी, उस पर क्या अफ़सोस करना। इसलिए बीती बात का शोक ना मनायो और अभी के समय में जो हाथ है, उसके साथ जीयो। उदाहरण के तौर पर हमारा

अभी का समय हमें महान बनाता है। अगर हम आज के समय का उपयोग सही तरीक़े से नहीं करेंगें वही हमारा past बनेगा। जो आज हम कर रहें हैं, वो हमारे past एंड future में contribute करता है। जैसे अंगुलिमार डाकू की कहानी हर किसी ने पढ़ी होगी। उनका past एक डाकू का था पर उनका present एक साधु का था। आज दुनिया उन्हें एक डाकू नहीं बल्कि महर्षि वाल्मीकि के नाम से जानती हैं। उनके past की बात होती है पर उनका present जो बाल्मीकी के रूप में था past पर भारी पड़ता है। इसलिए past में चाहे कुछ भी हो उसे present में सुधारने की गुंजाइश हमेशा रहती है। पर अगर हम अभी के समय में ना रहकर बार बार past को ही कोसते रहेंगे, तो हम अपना अभी का यानी present समय भी गवा लेते हैं। कहा भी हैं टाइम इस गोल्ड।

11. शब्द ही इस संसार में अनमोल हैं-
WORDS ARE PRICELESS IN THE WORLD.

ऐसी वाणी बोलिए, मन का आपा खोये ।
औरन को शीतल करे, आपहूँ शीतल होए।।

कबीर दास जी।

वाणी का सही इस्तेमाल ही हमें success का रास्ता दिखाता है। अगर हम मीठा बोलते हैं, तो कोई भी हमारा शत्रु नहीं होगा, हर कोई हमसे दोस्ती करना चाहेगा। आप ख़ुद सोचे क्या आप झग्रालू ब्यक्ति से दोस्ती रखना चाहेंगें, कभी भी नहीं, अगर कोई आपके लिए ग़लत शब्दों का प्रयोग करे तो उस इंसान को आप कभी पसंद नहीं करेगें। इसका मतलब यह भी नहीं की आप हर उस प्रशंसा के आदि हो जाएँ, चाहे वो सच भी नहीं है। हम ने कई बार बुजुर्गों से सुना है कि शब्दों के घाव इतने गहरे होते हैं, कि जिंदगीं भर इंसान गलत कही बात को याद रखता है। उचित शब्द ही इस संसार में अनमोल है। इसका मतलब है शब्दों का चयन ऐसे करें कि दूसरे को बुरे भी ना लगे और सही तरीक़े से आप ने अपनी बात

भी रख दी।अगर ध्यान से सोचें तो सारा संसार ही शब्दों के इर्ध-गिर्ध घूमता है। सारा संसार का काम भी शब्दों से चलता है।चाहे किसी चीज़ का contract हो, वह भी शब्दों का मिक्स्चर है। चाहे कोई भी सबजेक्ट है, वो शब्दों के आसपास घूमता है। रुचि भी शब्द ही बनाते हैं और बिगारते है। हम खुद पर लागू कर के देखें अगर कपिल शर्मा शो देखते हैं, तब खिलखिलाके हंसते हैं, क्यों? क्योंकि उन शब्दों का चयन ही ऐसा है। दूसरी तरफ़ जब हम विवेक विंद्रा जी को सुनते हैं तो मोटिवेट होते हैं। अगर गुरु वाणी सुनते हैं, आरती सुनते हैं, तो धार्मिक विचार उत्पन होते हैं। इस तरह शब्दों का बेहद बड़ा महत्व है, क्योंकि इनका असर पड़ता है हमारी ज़िंदगी में।हमें सकरात्मक शब्दों का चयन करना चाहिए। उदाहरण के तौर पर आपको किसी की कोई आदत पसंद नहीं आयी और आप कहते हैं "मुझे आपकी ये बात बहुत बुरी लगी।" तो आप एक नेगेटिव शब्द "बुरा" को अच्छे से बदल सकते हैं। आप ऐसे भी कह सकते हैं "मुझे आपकी ये बात अच्छी नहीं लगी।" तो कितना अंतर आ जाता है सुनने में। कई बार हमारे दोस्त, घर वाले ,रिश्तेदार और कई बार हम खुद ही अपने बारे में अच्छा नहीं बोलते। जैसे हम बोल देते हैं, मैं नालायक हूँ। बच्चों

को बोल देते हैं तू ज़िंदगी में कुछ नहीं कर सकता, तू तो निकम्मा है। ऐसे शब्दों की सूची बड़ी लम्बी है, जिन शब्दों को हम खुद को या दूसरों को कहने से गुरेज़ नहीं करते। ऐसे कहने की वजाए ये कह सकते हैं, मुझे मेहनत की ज़रूरत है, मैं हर काम कर सकता हूँ इत्यादि। इनका सीधा असर हमारे ऊपर होता है। जब हम भगवान को उनके नाम से पा सकते हैं, तो हम उचित शब्दों का प्रयोग करके अपनी रोज़मर्रा की ज़िंदगी क्यों नहीं सुधार सकते। बिलकुल सुधार सकते हैं क्योंकि यही शब्द है जो विचार के रूप हमारे अंदर होते हैं। चयन हमारा है या तो हम अंदर के विचारों को इतना सुंदर कर लें की ज़ुबान से जो भी शब्द निकले मन को शांति देना वाला निकले। या फिर शब्दों पर नियंत्रण कर लें की वही शब्द निकाले जो अच्छे हों।

अगर हम अपने शब्दों का आदर करना सीख जायें तो हम अपने हर काम को पूरा करना सीख जाएँगे, जो हमें तजुरबा देगा और पूरी ज़िन्दगी में हमें काम आता है। इसलिए अपने साथ रिश्ता जोड़ें और अपने को बेहतर बनाते जाएं और वादे को स्वंय के साथ निभाते जाएं ।

12. अगर जानकारी नहीं होगी तो काम कैसे करेंगें- IF THERE IS NO INFORMATION HOW YOU WILL WORK.

माना मंज़िले चलने से मिलती हैं जनाब,
मुसाफ़िर हो तो रास्ता जानना तो लाज़िम है।

अगर जानकारी ही नहीं होगी कि हम क्या करना चाहते हैं, तो चाल कैसे चलेगें। उदाहरण के तौर पर किसी खेल को खेलने के लिए पहले उसकी पूरी जानकारी होनी चाहिए। इसलिए किसी भी काम को करने से पहले उसके वारे में जाने। जैसे कहा भी गया है A little knowledge is a dangerous thing. हिंदी में कहा गया है नीम हकीम खतरे-ए-जान। जानकारी पूरी होनी चाहिए। जैसे अगर कोई विजनेस करना है तो उसके वारे में जानकारी हासिल करो।

उदाहरण के तौर पर अगर आप जज वनना चाहते हैं, तो सबसे पहले यह तय करें किस स्टेट में, फिर जानें कि जज वनने के लिए क्या qualification चाहिए। फिर जानें

कि आप eligible हैं जज वनने के लिए। अगर आप eligible हैं, तो आगे की जानकारी हासिळ करो। अब यह पता करें कि syllabus क्या है, कौन से लॉ के विषय का ज्ञान होना जरूरी है। उसके बाद उस स्टेट के लॉ के वारें में जानकारी लें। फिर योजना के अनुसार तैयारी करें। यही बात जिंदगीं के एक-एक दिन पर लागू होती है। जैसे छोटा-सा बच्चा रोज़ नयी चीज़ सीखता है, ऐसे हम पूरी ऊम्र ही रोज़ कुछ ना कुछ नया सीख रहे हैं। किस विषय का चयन करना है, इसके लिए हमें अपनी रुचि की जानकारी होनी चाहिए कि हम क्या सीखना चाहते हैं और क्यों? उदाहरण के तौर पर लड़की की arrange marriage फ़िक्स कर रहें हैं, पहले लड़की की मर्ज़ी जानो कहीं वो किसी को पसंद तो नहीं करती । फिर जानो की लड़के का परिवार कैसा है, लड़का कैसा है। लड़का लड़की क्या चाहते हैं। कहने का भाव कुछ भी काम करें छोटे से छोटा या बड़े से बड़ा पूरी जानकारी होना ज़रूरी है आगे जाने के लिए।

13. मन की जेल से निकल जायो- GET OUT OF THE MIND PRISON.

मन से भारी, कोई भोज नहीं होता,

मन से बड़ा, कोई शैतान नहीं होता।

मन ने हथियार डाल दिए, फिर कोई उठा नहीं सकता,

मन ने लड़ने की सोच ली, तो कोई हरा नहीं सकता।

मन की कैद में तो, रोते ही जायोगे,

बाहर निकल कर देखो, खुला आसमान पयोगे।

कई बार हमारा मन हमारे अंदर विचारों की, बुरे अनुभवों की, धाराणाओं की ऐसी जेल बना लेता है, कि जिंदगी उसकी कैद से निकल नहीं पाती है, इसलिए समय रहते उससे निकलना जरूरी है, कामयाबी के लिए। जैसे भगवत गीता में श्री कृष्ण जी और करण के बीच में बात होती है। करण भगवान कृष्ण जी को बोलते हैं, कि मेरा क्या दोष था, जब माँ कुन्ती ने मुझे पैदा होते ही त्याग दिया, द्रोणाचार्य ने मुझे युद्ध सीखाने से मना कर दिया, ऐसे करण ने कई बातें सांझी करी और बोला मुझे हमेशा अपमान ही प्राप्त हुआ और जो कुछ भी मुझे मिला,

दुर्योधन से ही मिला और इसलिए उसका ही साथ दूँगा। तब भगवान श्री कृष्ण जी ने बोला, कि करण सुनो, मेरा तो जन्म ही जेल में हुआ, और मेरे मामा ही मेरे दुश्मन थे। पैदा होते ही मौत मेरे सामने घात लगाए बैठी थी। इस तरह श्री कृष्णा ने जो भी मुश्किलें ज़िंदगी में देखी, करण को बताई। अब इस वार्तालाप से ये पता चलता है, कि कैसे करण मन की क़ैद में फँसा हुआ था और उससे बाहर नहीं निकल पाया था, जिससे उसे धर्म और अधर्म में अंतर को जानते हुए भी, दुर्योधन का साथ देता है। इस बात से श्री कृष्ण जी ने यह समझाने की कोशिश की, हमारे साथ कुछ भी हुआ हो, उससे बाहर निकल कर हमें आगे बढ़ना चाहिए और सही रास्ते पर चलना चाहिए। उदाहरण के तौर पर ज़िंदगी में ऐसा धोखा हुआ, जिस बात को आपने दिल में लगा लिया या फिर ससुराल में आप के साथ ऐसा व्यवहार हुआ, जिसे हम भुला नहीं पाते। जो दूसरों ने हमारे साथ गलत किया, उसे याद कर कर के अपनी ही कैद में फ़ंसते जाते हैं, जिस के लिए जिंदगी के आगे के कई कीमती साल बरबाद कर देते हैं। उदाहरण के लिए अगर टांग पर चोट लगी है, तो हम भाग नहीं सकते, हम उस चोट की पीड़ा में फस जाते हैं। हमें सही तरीके से चलने के लिए, भागने के लिए कोई

उपचार करना पड़ेगा, दोस्त की या डॉक्टर की मदद की ज़रूरत लेनी पड़ेगी। जैसे अगर कोई हाथी कीचड़ में गिर जाए, तो वो जा तो अपने बल से उठ सकता है या फिर किसी की मदद से। ठीक इसी तरह हमें क्या चाहिए, जैसे ही अपने को अंदर की कैद में पायें, उससे बाहर आ जायो अच्छी जिंदगीं जीने के लिए। चाहे किसी दोस्त की, डॉक्टर की मदद क्यों न लेनी पड़े।

कई बार इंसान रास्ते के किनारे बैठा है, और वो रास्ता को देख भी रहा है, पर अंदर ही अंदर किसी बात में लीन है। अगर कोई उसके सामने से गुजरता है, तो उसे पता नहीं चलता। ठीक इसी तरह से real life में जब मन की कैद में फँसे होते हैं, तो कई oppurtunities हमारे आगे से निकल जाती हैं, इसके उल्टे अगर मन aim में लीन है, तो उसे सहजता से पा लेते हैं। इसलिए सफलता आंतरिक रूप से आरम्भ होती है। समय रहते जो विचार मन की जेल में बंद होते हैं और अच्छे लक्ष्य में बाधक होते हैं, उन से छुटकारा पाते जायो। मन को दिशा देते रहें और सफलता पाते रहें। मन सुई की तरह होता है, जिधर-जिधर सूई जाती है, धागा उधर ही जाता है। इसी तरह अगर मन लक्ष्य निर्धारित कर उसकी तरफ चलता

है तो धागा रूपी हमारे कर्म भी, प्रयास भी उसी दिशा में होने शुरू हो जाते हैं। अगर हम मन में बातें लगाकर बैठे रहे, हमारे आगे कितने अवसर निकल जाएँगें, जैसे हमारे बच्चे कब बड़े हो जाएँगे, हमें पता भी नहीं चलेगा। कब हम मानसिक रोगों के शिकार हो जाएँगे, हम जान भी नहीं पाएँगे। **ज़िंदगी सुधरती नहीं है, सुधारनी पड़ती हैं। दिल में नकारात्मक बातें निकलती नहीं है, बल्कि निकालनी पड़ती हैं।** इस बोझ से हल्के होने के लिए आपको किसी की भी मदद की ज़रूरत हो ज़रूर लें। ये बात हमेशा याद रखें, आप का दिमाग़, आपका मन सबसे expensive और important अंग हैं, इस कमरे में हर कोई नहीं बैठ सकता। इस मन रूपी कमरे में सिर्फ़ वही बैठेगा, जिसे आप इजाज़त देंगे। इस की power आपके हाथ में हैं। इसके दरवाज़े सब के लिए नहीं खुले हैं, बिलकुल वैसे जैसे आप अपने घर के guest room में उसे ही बिठाते हैं, जो कोई ख़ास मेहमान होता है। इस लिए इस expensive मन रूपी कमरे में आपके भगवान बैठ सकते हैं, जो आप से बहुत प्यार करते हैं, वो बैठ सकते हैं। आप रोज़ इस कमरे में झाड़ू लगाकर कचरा रूपी ग़लत विचार बाहर फेंकते रहो। ऐसे हर रोज़ आप तरोताज़ा होते हैं, मन से भी और तन से भी। हमारा

दिमाग़ एक search engine की तरह है, हम जो इसे बोलते है, वही हमारे सामने लाकर रख देता है। इसलिए इसको अपने नियंत्रण में करके, आज़ादी से ज़ीना सिखायो। हमारे घर में गंदगी हो, तो उसे साफ़ करना पड़ता है, कपड़े गंदे हो तो धोने पड़ते हैं, इसी तरह हर रोज़ कभी सफ़ाई वाली, कभी धोबी, तो कभी चौकीदार बनकर मन को और अपने दिमाग़ को साफ़ सुथरा और सुविचारों से सुसज्जित करते चलो, क्योंकि मन से ही अमीरी है और मन से ही फ़क़ीरी है।

14. गुणों के ग्राहक बनो- BE THE BUYER OF VIRTUES.

अच्छाई देख, बुराई खुद ही निकल जाएगी,
जब जोड़ता ही काँच जाएगा, तो पारस की समझ कहाँ
आएगी।

हमें दूसरों के गुण देखने चाहिए, अगर हम कमियों की तरफ देखते हैं, तो वह हम अपनी तरफ न चाहते हुए भी खींच लेते हैं, इसी तरह अगर गुण देखते हैं, तो वो भी हमारे में आ समाते हैं। हमें बिल्कुल गुणी उस हँस की तरह होना चाहिए, जो छंटाक भर दूध पानी से अलग करके पी लेता है। गुण और अवगुण सब में होते हैं, हम पर निर्भर करता है, कि किस का सौदा करना चाहते हैं। जब हम गुण देखते हैं, हमारे में natural magical positive thinking develop हो जाती है, तब हर अवगुण में गुण नजर आ ही जाता है। हर difficulty में opportunity पहचाननी आ जाती है। जैसे उदाहरण के तौर पर, किसी को चाँद में दाग नजर आता है, दूसरी तरफ किसी को उसकी शीतल रोशनी। जिसने तो गुण

देखा, उसने तो उस चाँदनी रात का लुत्फ उठा लिया, कमी निकालने वाला कमी ही निकालता रह गया। उदाहरण के तौर पर अगर आप ने अलग अलग सौ लोगों में अच्छे गुण देखे, तो वो सौ गुण आप में आ जाएँगें दूसरी और ये बात भी उतनी ही सच है, अगर आप ने सौ अलग अलग लोगों में बुराई निकाली, तो वो सौ बुराईयां भी आपमें आ जाएगी। अंत में चयन फिर हमारे हाथों में हैं, कि हमने सौदा किस का करना है। कहने का मतलब वचाव में ही वचाव है। जब भी किसी से मिलते हैं, उस जगह पर, या फिर उस इंसान में अच्छाई देखें। Positive किताबें पढ़ें, TV पर अच्छे प्रोग्राम देखें। बार बार मुश्किलों पर ध्यान जाना सभाविक है, पर इतने पक्के, गुण के ग्राहक बनें, कि कोई जितनी भी कोशिश करे बुराई बेचने की, पर आप उसकी अच्छाई ही पकड़ो। सच मानो, तो हर चीज़ में अच्छाई है। ना मानो, तो कोई भी अच्छा नहीं है। दो इंसान खिड़की से बाहर देख रहे हैं। एक को कीचड़ नज़र आ रहा है, और दूसरे को आसमान में खूबसूरत तारे। नज़रिया आपका है, आत्म शांति आप की है। ख़ुशी आप की है। इसलिए ज़रूरी है, अपने दिमाग़ की शांति के लिए गुणों का सौदा करें। कबीर जी का दोहा भी है, कि "बुरा जो देखन में चला,

बुरा ना मिलिया कोय।जो दिल खोजा अपना मुझसे बुरा ना कोय"।। इस दोहे का मतलब है, कि पूरी दुनिया में मैंने बुरे आदमी को खोजा, पर कोई नहीं मिला, फिर मैंने अपने मन को खोजा, तो मेरा से बुरा आदमी कोई नहीं हैं। इसलिए हमारे में बुराई और अच्छाई तो भरी पड़ी है, इसलिए हमें तो अच्छा देखने की ज़रूरत है अपने लिए। क्योंकि याद रखो अच्छाई का फल अच्छा ही मिलेगा। इसलिए सीरत देखो और गुणों को अपने में भरते चलो।

15. निपुण बनें- BE MASTER IN YOUR WORK.

जब जागो तभी सवेरा,
निपुणता ही तो है गुण तेरा।

इस बात को उदाहरण के माध्यम से समझाना चाहूँगी।एक बार एक रानी राजा को बोलती है, कि जो राजमहल में हमारा वजीर है, उसे ज्यादा तनखा देते हैं, जबकि वह कुछ काम भी नहीं करता। दूसरी और चौकीदार पूरे दिन निगरानी करता है, पर उसे वेतन कम मिलता है। राजा रानी को बोलते हैं, कि हम आपको आज बताते हैं कि ऐसा क्यों हैं? तब राजा चौकीदार को बोलता है, नगर के बाहर कुतिया ने देखो कितने बच्चों को जन्म दिया है। चौकीदार वापस आकर बताता है कि महाराज 8 बच्चों को जन्म दिया है। राजा पूछता है, कि कितने कुत्ते हैं और कितनी कुतिया है, वो कहता महाराज इस बात का तो ध्यान नहीं। वह फिर जाता है और आकर कहता है 4 कुत्ते हैं और 4 कुतिया है। राजा फिर पूछता है, रंग कौन सा है उनका, वह कहता वो तो नहीं पता महाराज

और फिर देखने जाता है। इस तरह से सुबह से शाम हो गई वो आता रहा जाता रहा, एक-एक सवाल का उत्तर देता रहा। फिर वजीर को बुलाया गया, राजा ने उसे कहा कि नगर के बाहर कुतिया ने देखो कितने बच्चों को जन्म दिया है। वजीर 10-15 minutes में आ जाता है। वह बताता है 8 बच्चें है जिसमें 4 कुत्ते और 4 कुतिया हैं। कुत्ते काले रंग के और कुतिया सफेद रंग के है तथा उनका ठंड से वचने का इंतजाम कर दिया है। तब राजा ने रानी को समझाया कि इस कारण वजीर की तनखा ज्यादा है। इसलिए निपुणता की ज्यादा value है। अब मानो हम कोई डिग्री करना चाहते हैं तो इधर उधर ना भटक के एक विषय का चयन करें। उसके बाद उस विषय में जानकारी हासिल करें। फिर उसमें अनुभव लेकर निपुण बने। उदाहरण के तौर पर आप एक photographer बनना चाहते हैं, अगर आप उसकी एक एक detail सीख लेंगे यानी उस काम की निपुणता हासिल कर लेंगे तब आप के काम की वैल्यू automatically बढ़ जाएगी। कहने का भाव अपना काम पूरी लगन के साथ सीखो चाहे काम छोटा हो या बड़ा, क्योंकि एक छोटा काम भी इंसान को महान बना सकता है, अगर उसमें निपुणता है। सब उस इंसान को ढूँढते है, जो अपने काम में माहिर

होता है। ये अभी से नहीं युगों से ऐसा ही होता आया है। जैसे महाभारत में अर्जुन तीर अंदाजी में निपुण थे। भीम गद्दा चलाने में निपुण थे। इस तरह कोई भी काम करो फिर उस काम में माहिर बनो। जैसे कहते हैं, शेरनी का दूध सोने के बर्तन में ही रखा जा सकता है, किसी अन्य बर्तन में नहीं ठहरता। उसी तरह सफलता रूपी शेरनी का दूध उसे ही मिलता है, जो तपकर सोना बन चुका हो। कहने का भावार्थ जितना बड़ा लक्ष्य होगा, उतना ही आपको परिपक्व होना पड़ेगा। सफलता इंसान के पास नहीं आती, इंसान को सफलता के लिए तैयार होना पड़ता है। जैसे क्रिकेट में सचिन जी अपनी बल्लेबाज़ी में माहिर थे। उदाहरण के लिए कोई IAS Officer बनना चाहता है, अगर किसी की आधी आधूरी तैयारी होगी, तो असफलता तय है, अपनी मंजिल पाने के लिए पूरी तैयारी करनी होगी, क्योंकि असाधारण सफलता के लिए असाधारण प्रयास जरूरी है। तब जाकर अपने काम में योग्यता हासिल होती है।

16. अपना कर्तव्य समझो- TAKE RESPONSIBILITY.

कामयाबी की बस, इतनी कहानी है,
बता तूने कितनी, ज़िम्मेवारी उठानी है।

अपना कर्तव्य जब हम समझते हैं, तो हमें निराशा नहीं होती। यह जानना भी उतना ही जरूरी है, कि कर्तव्य की अपनी अपनी जगह होती है। हर किसी के लिए एक ही तरह की duty नहीं होती। जैसे हर नौकरी में अलग-अलग काम करते हैं। घर में पिता की अलग भूमिका रहती है, जबकि माता की अलग। इसी तरह भाई बहन की भी अलग DUTY होती है। हमें सिर्फ़ अपने कर्तव्य पर ध्यान देना चाहिए, और उसे सही तरीक़े से करना चाहिए। जब हम अपना काम सही तरीक़े से करते हैं, और दूसरे की तरफ़ नहीं देखते तब हम अपने काम से पूरी तरह से संतुष्ट होते हैं, और हमें दुःख नहीं होता। जैसे श्री राम जी वनवास के लिए चले गये, अपना कर्तव्य मानकर और माता कैकेयी में कमी नहीं निकाली। जब हम अपनी responsibility को सही तरीक़े से निभाते हैं

तो हमें इस चीज़ का मलाल नहीं रहता, कि हमने अपने फ़र्ज़ नहीं निभाए। सिर्फ़ responsibility के साथ कर्म करना ही हमारे हाथ में हैं, results हमारे कंट्रोल में नहीं हैं। हम अपने क़र्म करें और फल की इच्छा ना रखें। क्योंकि अगर भगवान हमें परिणाम अपने हिसाब से choose करने दे, तो हम अपने सब काम अपनी इच्छा अनुसार कर लेंगें तो दुनिया का कोई अस्तित्व नहीं रह जाएगा। आज की दुनिया में हर कोई rights and freedom की बात करते हैं, पर सही मायने में अपनी responsibility भूल जाते हैं, अपने परिवार के प्रति, समाज के प्रति, और मानवता के प्रति। परिवार, समाज और मानवता को भी छोड़ दें, आजकल हम अपनी खुद की responsibility लेने से भी कतराते हैं। हम बस अपने self-centred होकर ऐसे सोचते हैं, जैसे सारे समाज ने हमें देने का ठेका लिया है, और हमें कुछ भी करने की ज़रूरत नहीं है। इसी ग़लत सोच से फिर हमारे अंदर ग़लत आदतें जन्म लेती हैं, जिससे हमारे में irresponsibility हर काम के प्रति पैदा हो जाती है। students अपने होम्वर्क की responsibility नहीं लेते, Parents अपने बच्चों की responsibility लेने से डरते हैं। बच्चे अपने माता पिता की जायदाद को हासिल करने

के लिए आतुर रहते हैं, पर उनकी सेवा करने से कतराते हैं। आजकल रिश्ते टूटने का कारण ज़िम्मेवारी ना लेना भी है। जैसे marriage के बाद बहु घर के काम में हाथ नहीं बटाना चाहती, सास भी सारा काम बहु पे छोड़ना चाहती है। Modern होना ग़लत बात नहीं, पर हमें अपने फ़र्ज़ नहीं छोड़ने चाहिए। ये तो बातें हो गयी, जो हमारे घर में लागू होती हैं।

हम successful तो होना चाहते हैं, पर successful होने के लिए discipline और सुबह उठने की responsibility से दूर भागते हैं। जो अपनी responsibility लेकर हार्ड वर्क कर रहे हैं, वो आज successful हैं, आप अपने आसपास देख सकते हैं। उदाहरण के तौर पर सचिन तेंदुलकर ज़ी ने पहले इस बात को सोचा होगा, कि मैंने player बनना है, फिर उन्होंने अपना discipline बनाया और 12-14 hours प्रैक्टिस करते थे। इस तरह उन्होंने अपनी responsibility ली मेहनत करने के लिए। जैसे कि स्वामी विवेकानंद जी ने कहा है रेस्पॉन्सिबिलिटी ज़िंदगी में विस्तार लाती है। इस तरह क्रिकेट की गेम ने सचिन जी को एक normal player से God of Cricket बना दिया। ये तबी सम्भव

हुआ, जब सचिन जी ने मेहनत करने की ज़िम्मेदारी ली। इसी तरह से अगर अपने घर में, स्कूल में, अपने काम में अपनी अपनी ज़िम्मेवारी समझें, तो सफ़लता हमारे से दूर नहीं हैं। इस तरह responsibility किसी भी form में हो सकती हैं। एक doctor की ज़िम्मेदारी है, ईमानदारी से काम करना। अगर डॉक्टर ऐसा करेगा तो अपने काम के लिए अपनी responsibility की वजह से हर कहीं कामयाब होगा economically भी और नैतिकता के रूप में भी। हमारी ज़िंदगी की सबसे बड़ी responsibility हम खुद हैं। अगर खुद को डिसप्लिन करके और अपने काम पूरी लगन से करें, तो हम अपना जीवन सुखी बना सकते हैं। एक responsibility हमें अपनी ज़िंदगी का नेता बनाती है, इसके बिना हम केवल ज़िंदगी के एक अनुयायी ही बनकर रह जाते हैं। आप कोई काम करना चाहतें हैं या फिर कोई job लेना चाहते हैं, तो स्वयं ही effort करने पड़ेगें।अपनी लड़ाई हमें खुद ही लड़नी पड़ती। खुद ही काम करने की responsibility लेनी पड़ती है।

17. जैसी संगत वैसी रंगत- AS THE COMPANY, SO THE BEHAVIOUR.

संग से रंग, चढ़ते देर ना लगे,
देख ले बस रंग, कौन सा चढ़े,
क्योंकि उसे उतरने में, बड़ी देर लगे।

बचपन में सबने ये कहानी पढ़ी होगी, कि एक ख़राब सेब, सारे सेबों को ख़राब कर देता है। हमारे माता पिता, टीचर कहते थे, कि अपनी संगत सही रखो, क्योंकि आप अपने दोस्तों से पहचाने जाते हो। जैसे पानी की एक बूँद अगर कमल पर गिरती है, तो वो मोती की तरह चमकने लगती है।अगर वही बूँद सीप में गिर जाए, तो मोती बन जाती है। अगर वही पानी की बूँद कीचड़ में गिर जाए, तो कीचड़ बन जाती है। अगर पानी की बूँद को गर्म किया जाए, तो भाप बनकर आसमान में उड़ जाती है। बस पानी की के साथ संगत करता है, उसी का फ़र्क़ है। जिसका संग करेंगें, उसका रंग चढ़ जाता है। **यह बात** आज की दुनिया में भी लागू होती है। पर आज एक और नया संगत का पहलू, हर किसी की ज़िंदगी से जुड़ गया है। चाहे आप की संगत बहुत अच्छी है, पर अगर आपने

इस पहलू पर गौर नहीं किया, तो भी आपकी सोच नकारात्मक हो सकती है। आज के समय में सबसे बड़ी संगत, हम टेक्नॉलजी की करते हैं। हमारी स्टडी ऑनलाइन हैं। हमारी जॉब ऑनलाइन हैं। अभी COVID था, तो स्कूल ऑनलाइन थे। हम TV, youtube और कई तरीक़ों से विडीओज़ देखते हैं। बच्चे cartoons देखते हैं। घर के बड़े अपने अपने program देखने में व्यस्त हैं। आज हम ज़्यादातर समय इन प्रोग्रैम्ज़ के साथ ही बिताते हैं। इसलिए हम या हमारे बच्चे क्या देखते हैं, TV या YouTube पर वही हमारी संगत है। इन प्रोग्रैम्ज़ का चयन बड़ी सावधानी से करना चाहिए, क्योंकि असर तो हर बात का होता है। इसलिए संगत बाहर नहीं घर के अंदर भी millions विडीओज़ के रूप में आ गयी है। ध्यान रखें, कि आपके बच्चे क्या देखते हैं। कहीं वो ऐसे प्रोग्रैम्ज़ तो नहीं देख रहें, जो उनकी मानसिकता पर गहरा प्रभाव डाल रहे हों। अगर छोटे बच्चे हिंसा वाली films या videos देखतें हैं, तो ये बात उनपर गहरा असर डाल सकती है, क्योंकि उनकी ऊम्र की वजह से अभी वो उस सारी जानकारी को समझ पाने में असक्षम हैं। इस तरह से बच्चों का एक निर्धारित समय होना चाहिए, कि कब और कितनी देर तक टेक्नॉलजी का

इस्तेमाल कर सकते हैं। इसलिए घर में टेक्नॉलजी के रूप में और घर के बाहर किस की आप संगत करते हैं, इस बात पर ध्यान रखना बड़ा ही ज़रूरी है।

इस तरह विचार ही है, जो बताता है, कि उम्र भर क्या-क्या सम्भावनाएं हो सकती हैं जिंदगी में और यही बताता है,कि क्या क्या सम्भावनाएं नहीं हो सकती है, जिंदगी में। सही मायने में विचार ही सारे रास्ते खोलता है, और ये विचार ही सारे रास्ते बंद करता है। पर अगर हम ऊपर लिखित बातों को अपनी ज़िंदगी में अपनाते हैं, तो हर दिन ज़ीना आसान हो जाता है और सफ़लता के नज़दीक पहुँचना तय हो जाता है। सफ़लता एक सफ़र है, जो इंसान तब तक करता है, जब तक जीता है।

लेखिका के बारे में

लेखिका ने इस किताब पर 2018 में काम करना शुरू किया। लेखिका ने B.Sc., LL.B., LL.M.(India) and LL.M. (IPR) United Kingdom, Postgraduate diploma from Canada किया है। लेखिका को प्रेरित करने वाली कहानिया बचपन से बहुत पंसद है। यह पुस्तक का title सपने में दिखाई दिया था, तो इस तरह इस पुस्तक पर काम करना शुरू किया।